이 책은
반려동물과 함께
즐거운 생활을 꿈꾸는

＿＿＿＿의 책
입니다.

멍냥연구소 Special 냐옹툰

1판 1쇄 인쇄 2024년 1월 22일
1판 3쇄 발행 2024년 6월 13일

원작 | 비마이펫
만화 구성 | 박지영(옥토끼 스튜디오)
발행인 | 심정섭   **편집인** | 안예남
편집 팀장 | 최영미   **편집** | 조문정, 이선민
표지 및 본문 디자인 | 권규빈
브랜드마케팅 | 김지선
출판마케팅 | 홍성현, 김호현
제작 | 정수호

발행처 | (주)서울문화사
등록일 | 1988년 2월 16일   **등록번호** | 제 2-484
주소 | 서울특별시 용산구 새창로 221-19(한강로2가)
전화 | 02-791-0708(구입) 02-799-9145(편집) 02-790-5922(팩스)
출력 | 덕일인쇄사   **인쇄처** | 에스엠그린

ISBN 979-11-6923-867-0 (74490)

ⓒBEMYPET

※파본은 구입처에서 교환해 주시기 바랍니다.

차례

 **Chapter 1. 반갑다냥**

01화 집사 간택 • 8

02화 길고양이 MBTI • 11

03화 고양이 키우기 전과 후 • 14

04화 늙은 고양이가 나를 기다리는 법 • 17

05화 집에 혼자 남은 고양이가 하는 일 • 20

06화 집사가 된 후 용도가 바뀐 물건 • 23

07화 길고양이가 찾아 준 햄스터 • 26

08화 냥빨래 • 29

09화 고양이 싫다던 부모님 변화 • 32

10화 맞힐 수 있어? 고양이 상식 퀴즈 • 35

11화 아기 엄마가 고양이를 좋아하게 된 이유 • 38

12화 우리 고양이, 사람 나이로는 몇 살? • 41

13화 펫캠 설치하면 안 되는 이유 • 44

14화 고양이와 같이 자면 큰일 나는 이유 • 47

15화 자기 털로 만든 인형을 본 고양이 반응 • 50

16화 고양이 골골송, 불행하다는 증거일 수도? • 53
17화 고양이가 직접 밝히는 잠자는 자세의 진실 • 56
18화 내 늙은 고양이와 이별을 준비하게 된 이유 • 59

Chapter 2. 친구하자냥

19화 고양이가 사람 말을 알아듣는다면? • 68
20화 고양이는 사람을 언제까지 기억할까? • 71
21화 길고양이와 친해지지 못하는 이유 • 74
22화 고양이를 올바르게 혼내는 방법 • 77
23화 길고양이 만났을 때 머피의 법칙 • 80
24화 시멘트에 찍힌 고양이 발자국의 비밀 • 83
25화 고양이 산책, 절대 시키면 안 되는 이유 • 86
26화 고양이들이 스스로 동물병원을 찾아간 이유 • 89
27화 늙은 집사와 이별을 준비하는 고양이 • 92
28화 길고양이 밥을 챙겨 주던 의외의 정체 • 95
29화 집사들이 잘 놓치는 고양이가 외롭다는 신호 • 98

30화 고양이 집사가 노트북 곁을 떠나면 안 되는 이유 • 101

31화 고양이가 집사에게 메롱하는 이유 • 104

32화 순둥이 고양이가 집사에게 화낸 이유 • 107

33화 고양이 집사가 매일 털공 빚는 이유 • 110

34화 고양이가 집사 얼굴에 엉덩이를 들이미는 이유 • 113

35화 고양이가 처음으로 집사에게 마음을 열었을 때 -상 편- • 116

36화 고양이 집사가 거지인 이유 • 119

 **Chapter 3. 가족이다냥**

37화 고양이가 처음으로 집사에게 마음을 열었을 때 -하 편- • 128

38화 고양이가 함께 자는 사람을 선택하는 기준 • 131

39화 고양이를 상처 주는 집사의 말과 행동 • 134

40화 고양이가 집사를 사랑한다는 신호 • 137

41화 고양이에게 사랑도 침대도 뺏긴 집사 • 140

42화 털찐 줄 알았더니 살쪘던 고양이 • 143

43화 새로 온 고양이를 질투하는 고양이 • 146

44화 고양이가 화장실까지 따라왔던 이유 • 149

45화 고양이는 왜 집사를 밟고 지나가는 걸까? • 152

46화 고양이가 높은 곳에서 나를 쳐다보는 이유 • 155

47화 고양이 구조, 함부로 하면 안 되는 이유 • 158

48화 잔뜩 사랑받은 고양이 특징 • 161

49화 고양이는 왜 물건을 떨어트릴까? • 164

50화 고양이 볼살이 통통해진 이유 • 167

51화 고양이가 귀찮을 때 하는 행동 • 170

52화 고양이에게 미움받았던 이유 • 173

53화 고양이, 밥보다 집사를 더 좋아한다고? • 176

알쓸냥잡_ 고양이 상식 읽고 가자!

행동 편_1 고양이 간택 시 주의할 점은? • 62

행동 편_2 고양이는 몇 살까지 살까? • 64

음식 편_1 고양이가 먹으면 안 되는 음식은? • 122

음식 편_2 최애 간식은 얼마나 먹여야 할까? • 124

케어 편_1 고양이에 대해 얼마나 알고 있을까? • 180

케어 편_2 쥐를 물고 오는 건 고맙다는 의미일까? • 182

#고양이가 찾는 집사는?

#너의 진짜 모습은?

#고양이의 골골송?

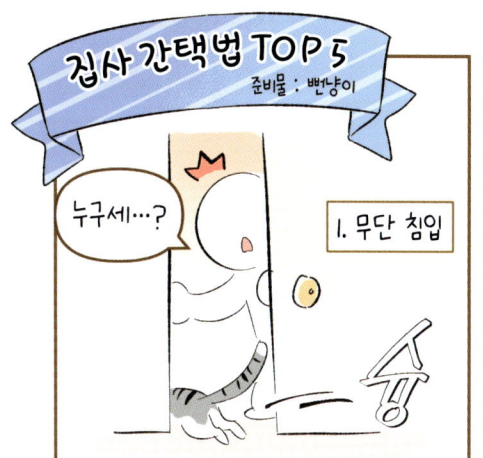

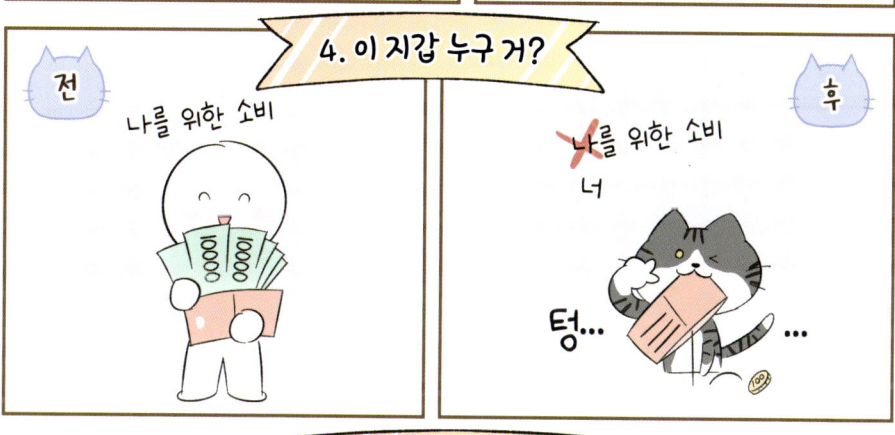

#05
집에 혼자 남은 고양이가 하는 일

#06
집사가 된 후 용도가 바뀐 물건

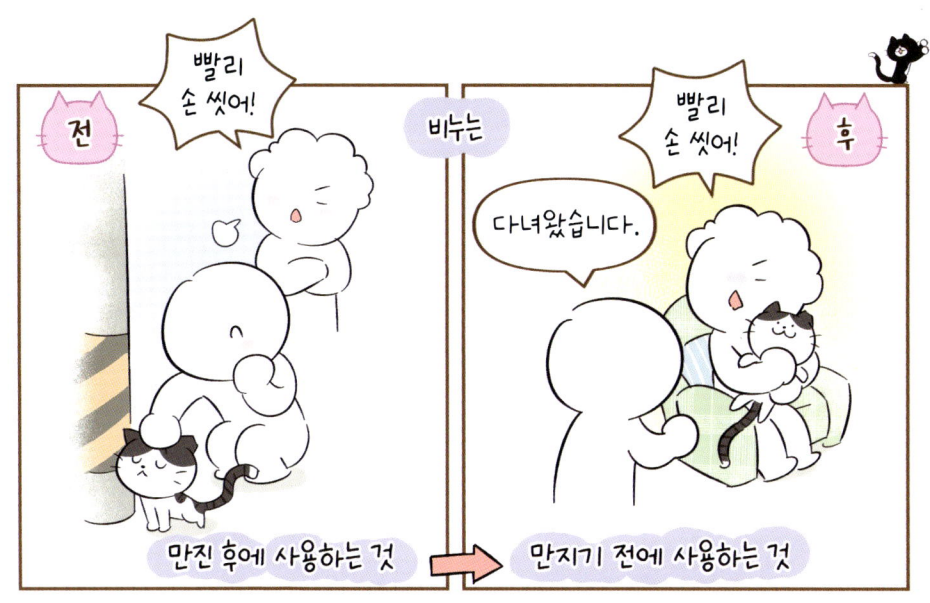

#07
길고양이가 찾아 준 햄스터

"미안. 우리 집엔 햄스터가 있거든…."

"나, 길고양이. 집사 간택이 소원인 냥."

"하지만 오늘도 실패했다냥."

추욱

끼이이이…

탁

"헉?"

끼이이이…

뿅!

햄찌 가출?!

무슨 짓이…!
햄스터를
찾아 준 거야?
톡
콩
끄덕
멀
쩡
나,
착한 고양이.
고마워어어~~~
우리 같이 살자!!
감
동
넌 내 자취방으로
오면 돼!
냥!
소원이
이루어졌다냥.

#10
맞힐 수 있어?
고양이 상식 퀴즈

100점 가능? 절대 불가능!

*주의: 어려움 최상

Q1 이 중에 암컷 고양이는?
얼굴만 보고 알아맞히기

1 2
3 4

Q2 이 중에 대장 고양이는?
얼굴만 보고 알아맞히기

1 2
3 4

Q3 광란의 우다다 범인은?

!! 퍽! 욱 씬

1 2 3

얼굴만 보고 알아맞히기

Q4 이 중에 아픈 고양이는?
표정만 보고 알아맞히기

1 2
3 4

Q5 이 중에 수컷 고양이는?
발만 보고 성별 맞히기

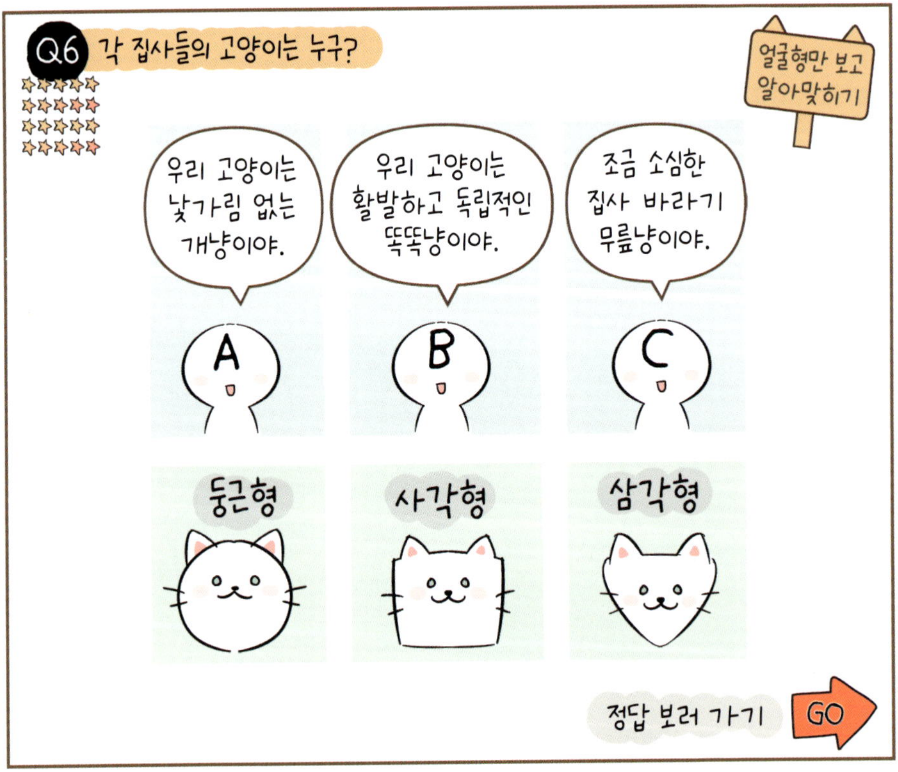

Q6 각 집사들의 고양이는 누구?
얼굴형만 보고 알아맞히기

우리 고양이는 낯가림 없는 개냥이야.
A

우리 고양이는 활발하고 독립적인 뚝뚝냥이야.
B

조금 소심한 집사 바라기 무릎냥이야.
C

둥근형
사각형
삼각형

정답 보러 가기 **GO**

정답 & 해설

Q1 3

삼색 털은 대부분 암컷 고양이 수컷 고양이가 삼색 털을 갖는 경우는 유전자 구조적으로 약 3000분의 1로 매우 희박하다.

Q2 4

남성 호르몬이 많을수록 크고 넙데데한 얼굴을 갖고 있다.

Q3 1

흥분하면 혈류의 양이 많아져 코 색이 붉어진다.

Q4 3

〈통증의 세기에 따른 표정〉 약 → 강

고양이는 아플 때 눈과 입에 힘을 준 듯 찌푸리고 귀는 바깥쪽을 향한다.

Q5 1 동물행동학자 드보라 L 웰스의 실험 결과에 따르면 어려운 놀이를 할 때 암컷 고양이는 오른발을, 수컷 고양이는 왼발을 주로 사용한다고 한다.

2. 오른발 사용
3. 오른발 사용
1. 왼발 사용
4. 삼색 털이므로 암컷

Q6
A → 사각형
B → 삼각형
C → 둥근형

고양이 성격 ♥ 찰떡궁합인 집사

고양이 성격	찰떡궁합인 집사
집사 바라기 무릎냥이 (페르시안, 히말라얀)	조용하고 차분한 집사
낯가림 없는 개냥이 (메인 쿤)	집을 오래 비우지 않고 가족과 함께 사는 집사
활발하고 독립적인 똑똑냥 (아비시니안, 샴)	에너지 넘치는 집사

우리 고양이는 활발하고 독립적인 똑똑냥이야.

우리 고양이는 낯가림 없는 개냥이야.

조금 소심한 집사 바라기 무릎냥이야.

A — 둥근형
B — 사각형
C — 삼각형

결과 보기

1~3개 → 초보 집사
4~5개 → 고양이잘알
6개 → 고양이 전문가

당신은 총 몇 점?

고양이 나이 환산표

고양이	사람	고양이	사람
1개월	1세	8살	44세
2개월	3세	9살	48세
3개월	5세	10살	52세
9개월	9세	11살	56세
1살	13세	12살	60세
1살 반	17세	13살	64세
2살	20세	14살	68세
3살	23세	15살	72세
4살	28세	16살	76세
5살	32세	17살	80세
6살	36세	18살	88세
7살	40세	19살	92세
		20살	96세

#13
펫캠 설치하면 안 되는 이유

드디어 펫캠 설치!

짠!!

이제 사고를 칠 것 같으면 펫캠으로 불러서 말할 수도 있어!

안심하고 시험 공부를 해 볼까나~.

#14
고양이와 같이 자면 큰일 나는 이유

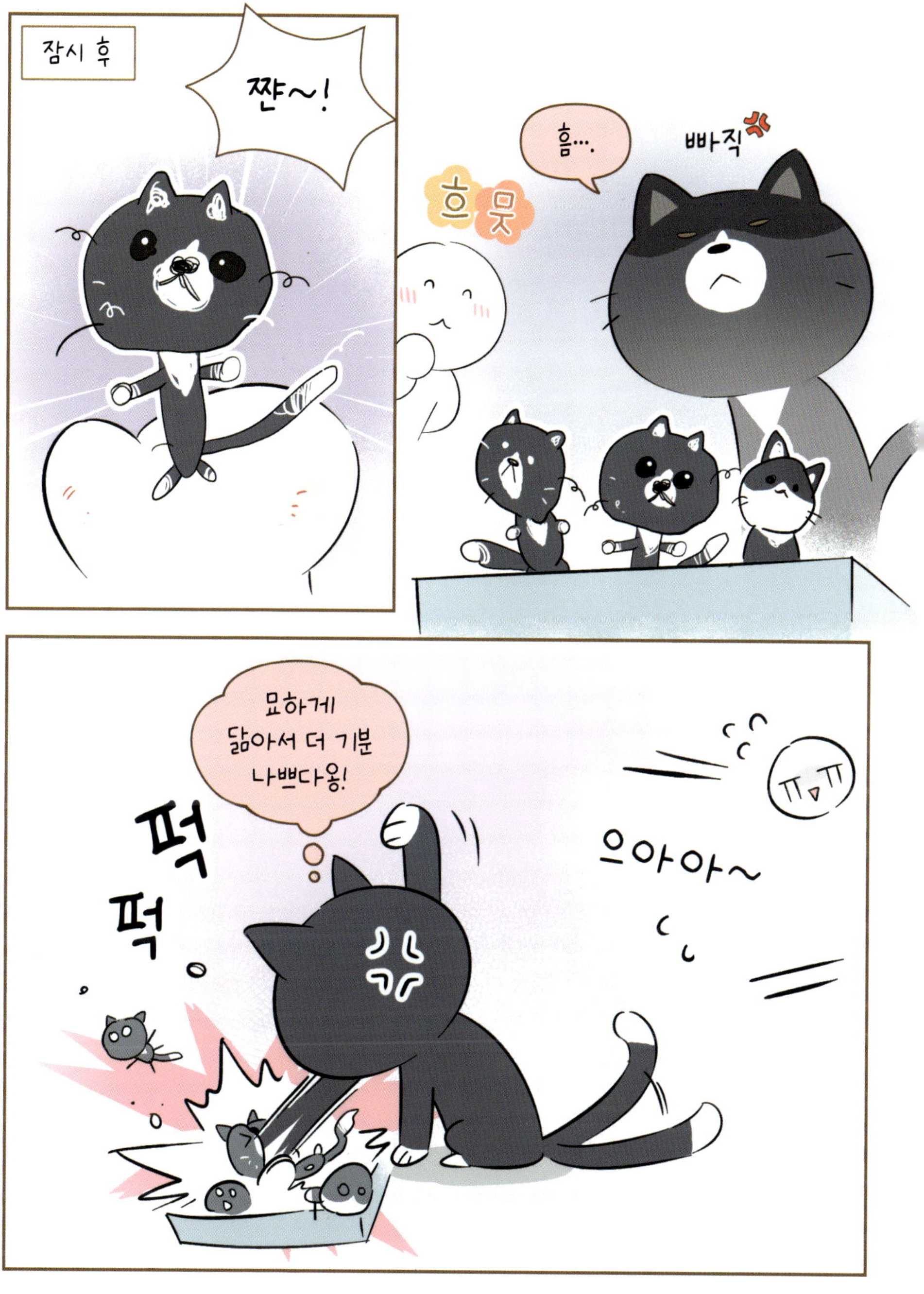
잠시 후
짠~!
흐뭇
흠….
빠직
묘하게
닮아서 더 기분
나쁘다옹!
퍽
퍽
으아아~
ㅠ▽ㅠ

#16
고양이 골골송, 불행하다는 증거일 수도?

아무런 문제 없습니다.
흐뭇
날마다 골골송을 부르는 걸 보니 매일매일 행복한가 보네요.
그... 그랬던 거야?
냥...!

내 골골송은 행복의 노래였다옹!
쿵
꺄아

#18
내 늙은 고양이와 이별을 준비하게 된 이유

고양이 간택 시 주의할 점은?

어느 날 길을 걷다가 고양이가 나를 따라오는 것을 느꼈다. 설마, 이게 말로만 듣던 고양이 간택?

다가온 고양이에게 간택 받으려면?

1단계 손 냄새 맡게 해 주기

사람이 고양이와 소통하고 친밀감을 쌓기 위해서는 냄새 교환이 필요해요. 다가온 고양이를 안심하게 하려면 손을 내밀어 냄새를 맡게 하는 것이 효과적이에요. 이로써 고양이는 손의 특유한 냄새를 감지하고, 주변 환경에 대한 정보를 수집할 수 있지요. 안심할 수 있는 사람으로 인식되면, 고양이는 경계심을 점점 낮추고 신뢰를 쌓아 나갈 거예요.

2단계 조심스럽게 스킨십 시도하기

1단계가 성공했다면 조심스럽게 고양이 쓰다듬기를 시도해 보세요. 여기서 주의해야 할 점은 고양이를 놀라지 않게 하는 거예요. 고양이가 쉽게 놀랄 수 있는 머리 부분을 피하고, 정면에서 콧등이나 뺨, 턱 부분을 부드럽게 쓰다듬어 주세요. 이때 고양이가 눈을 가늘게 뜨며 긍정적인 반응을 보인다면, 이는 서서히 친밀도를 쌓아가고 있다는 좋은 신호랍니다.

아하! 내가 위협적이지 않고 신뢰할 수 있는 예비 집사라는 걸 느끼게 해야 한다는 거네!

고양이 간택에 성공하려면 주의하자!

새끼 고양이 간택 시 주의 사항

새끼 고양이는 어미 고양이의 돌봄이 필요한데요. 어미 고양이가 있는 경우 간택을 당하더라도 구조를 미루는 것이 좋아요.

- **6시간에서 24시간 동안 지켜보기**
  새끼 고양이가 어미와 함께 있는지 확인하기 위해 6~24시간 동안 지켜봐야 해요. 새끼 고양이 근처에 어미가 있는지를 파악하고, 어미가 돌아왔는지 확인하세요.

- **함부로 만지지 않기**
  만약 새끼 고양이 주변에 어미 고양이의 흔적이 없다면, 새끼에게 사람 냄새가 밸 경우 어미 고양이가 새끼를 인식하지 못하게 될 수 있으므로 조심해야 해요.

- **함부로 꺼내지 않기**
  새끼 고양이가 구석진 자리에 있으면, 어미 고양이가 안전을 위하여 새끼 고양이를 숨겨 둔 것일 수도 있으니 함부로 꺼내지 마세요.

성묘 간택 시 주의 사항

고양이를 입양 후 관리하는 것은 많은 노력을 필요로 해요. 특히 길에서 생활했던 고양이를 구조한 후에는 감기, 진드기, 기생충 등 다양한 건강 문제에 대한 치료가 필요할 수 있어요. 이에 대한 마음 및 금전적 준비가 완료되었다면 성묘를 입양해도 좋아요.

고양이야, 난 준비됐어! 내가 평생 아껴줄게.
이제 나도 고양이 있다!

고양이는 몇 살까지 살까?

고양이 집사를 위한 희소식이요~!
집고양이 평균 수명이 최소 15년에서 20년까지로 늘었대!

고양이의 유아기부터 노년기까지!

- **유아기:** 고양이는 생후 1개월부터 이유식을 시작해, 2개월이 지나면 더 이상 젖을 먹지 않아요.

- **사춘기:** 1세 이후부터 골격 성장이 끝난 어린 고양이 시기로, 메인 쿤, 노르웨이 숲 같은 대형 고양이는 3~5세까지 성장이 이루어져요.

- **청년기:** 움직임이 활발하고 아기 고양이 시절보다는 철이 든 성묘 시기로, 비만과 치주염, 방광염 등을 조심해야 해요.

- **장년기:** 점점 나이가 들면서 치주 질환이나 당뇨, 고혈압 등의 위험이 생길 수 있어요.

- **중년기:** 노화에 의한 질병이 점차 늘어나며, 활동량이 줄어들기 때문에 고칼로리 음식은 피해야 해요.

- **노년기:** 노화에 의한 질병이 증가하고 신체와 장기의 기능도 저하되는 시기로, 특히 이 시기에는 고양이와 보내는 시간을 더욱 소중하게 여겨 주세요.

고양이의 시간은 집사보다 빨리 흘러.
고양이의 1살은 사람 나이로 했을 때 13살이라고 해.

고양이의 수명은 환경, 품종에 따라 다르다!

사육 환경에 의한 고양이 수명 차이

완전 실내 사육하는 고양이는 산책을 하거나 마당에서 키우는 고양이보다 평균 수명이 길다고 해요. 고양이가 외출을 할 경우 바이러스 감염이나 전염병, 기생충 위험에 노출될 수 있고 또 교통사고나 사람으로 인해 다칠 수도 있거든요. 그렇기 때문에 고양이의 수명을 늘리고 싶다면 반드시 실내에서만 키우도록 하세요. 부득이 외출을 해야 한다면 반드시 이동장이나 가방 안에 넣고 나가야 사고를 예방할 수 있어요.

품종에 의한 고양이 수명 차이

일반적으로 순종보다는 잡종의 수명이 길다고 알려져 있어요. 순종 고양이의 경우 품종의 특징을 위해 교배하기 때문에 유전 질환이 생기기 쉽거든요. 반면에 잡종 고양이는 이 유전 질환이 적고 면역력이 높은 편이에요. 물론 이것은 절대적인 것은 아니며 고양이마다 다를 수 있어요.

비교적 장수 확률이 높은 품종
코리안 숏헤어가 장수 확률이 높은 편이에요. 또한 아메리칸 숏헤어, 노르웨이 숲, 메인 쿤, 시베리안 등이 비교적 장수한다고 알려져 있어요.

코리안 숏헤어 　　　　　 아메리칸 숏헤어

고양이의 수명 정보는 어디까지나 일반적인 평균이야. 고양이의 체질과 생활 환경에 따라 수명은 달라지게 돼.

#고양이와 대화 가능?

#이건 하면 안 된다고?

#고양이의 애정 표현?

#20
고양이는 사람을 언제까지 기억할까?

이 근처에 종종 보이던 검은 길냥이 까망이가 갑자기 사라졌다.

늘 전봇대 뒤에 숨어 있던 소심한 녀석이었는데

혹시 누가 데려간 걸까?

#21 길고양이와 친해지지 못하는 이유

#22
고양이를 올바르게 혼내는 방법

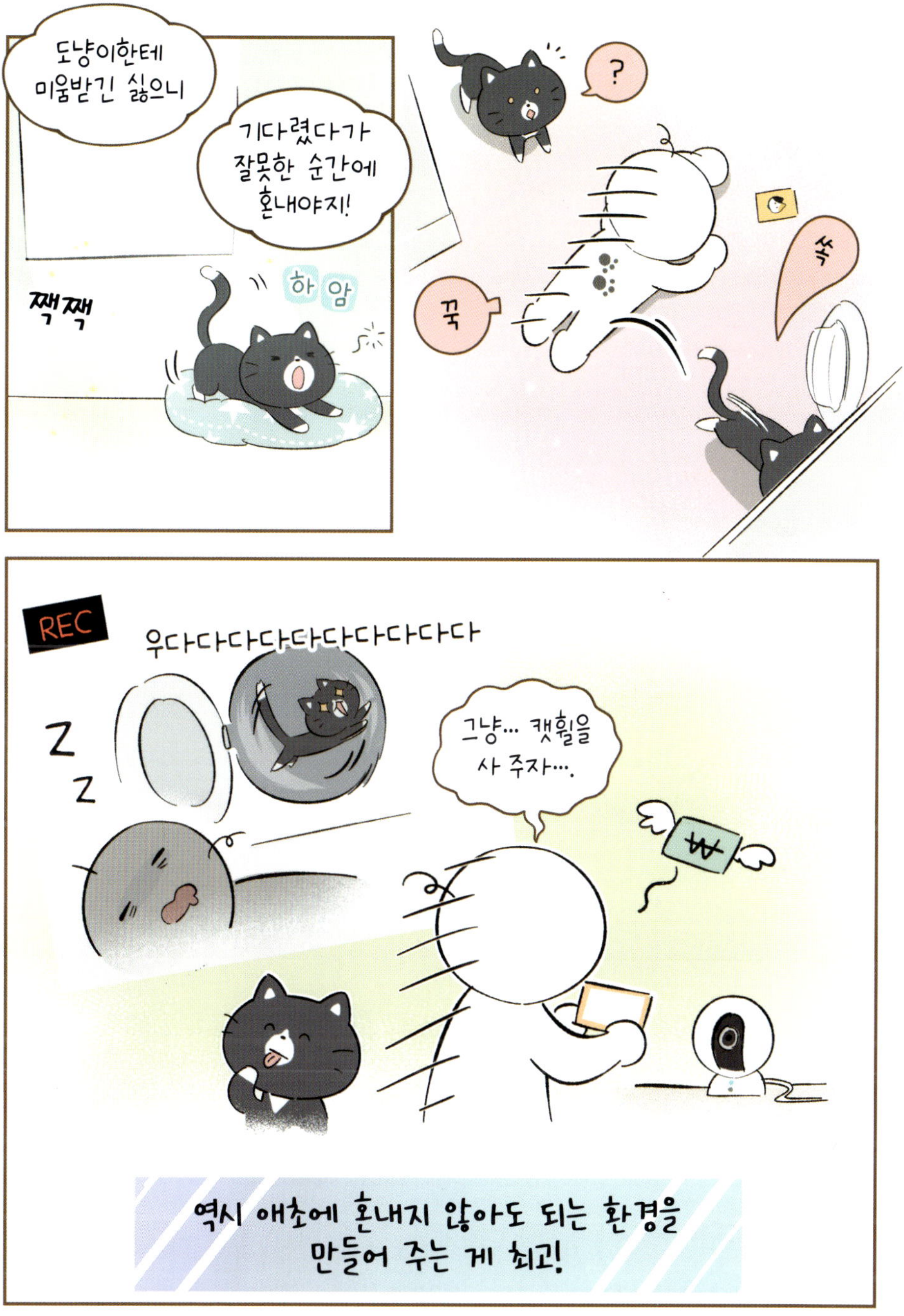

#24
시멘트에 찍힌 고양이 발자국의 비밀

앞으론 조심해라~!

무서운 사람만 있는 건 아니었구냥!

깨끗

날 도와줬던 사람들 덕분에 길냥이 시절도 버틸 만했다냥!

고마웠다옹~.

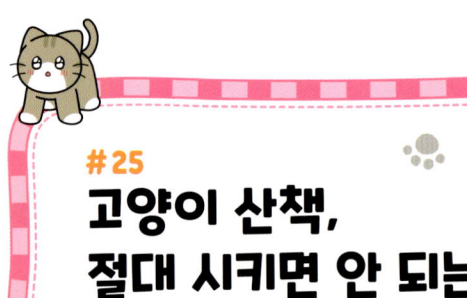

#25
고양이 산책, 절대 시키면 안 되는 이유

도냥이의 과거 1

집사는 나를 길고양이로 알고 있지만

포근~

얘로 데려갈게요!

사실 나는 집에서 태어났다냥.

영원히 함께할 줄 알았던 내 첫 가족들.

초롱 초롱

오와!

이러면 되겠지?

밖에 나가고 싶은 건가?

하지만….

집에만 있어서 답답한가 보네~

#28
길고양이 밥을 챙겨 주던 의외의 정체

#29
집사들이 잘 놓치는 고양이가 외롭다는 신호

#30
고양이 집사가 노트북 곁을 떠나면 안 되는 이유

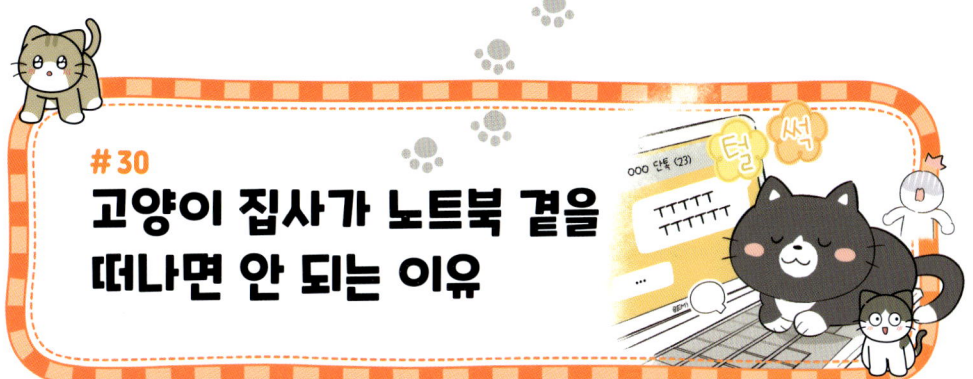

#31
고양이가 집사에게 메롱하는 이유

아플 때 혀를 내밀 수도 있지만 도냥이는 그냥 혀 넣기를 잊은 거예요.

아무 문제없습니다!

아… 아…;;;;;

얼른 집에 가자웅~!

그 후로 고양이의 메롱을 즐기게 되었다.

도냥아~, 나 왔어.

#33 고양이 집사가 매일 털공 빚는 이유

#34
고양이가 집사 얼굴에 엉덩이를 들이미는 이유

#35
고양이가 처음으로 집사에게 마음을 열었을 때 -상 편-

# 고양이가 먹으면 안 되는 음식은?

나에게건 너무 예쁜 고양이! 사랑하는 만큼 맛있는 것도 많이 주고 싶은데, 고양이가 피해야 할 음식은 뭐가 있을까?

고양이들, 이 음식은 절대 안 된다!

- **초콜릿:** 초콜릿에 함유된 메탈잔틴 성분이 고양이에게 독이 돼요.

- **카페인:** 커피, 차, 음료 등에 함유된 카페인은 고양이에게 중독 증상을 일으킬 수 있어요.

- **포도와 건포도:** 둘 다 고양이 신장에 안 좋은 영향을 줄 수 있어요.

- **양파와 마늘:** 사람에게는 참 좋은 채소이지만 고양이에게 독이 될 수 있으며, 먹으면 혈소판이 파괴될 수 있어요.

- **알콜 음료:** 사람에게도 안 좋은 만큼 고양이에게도 치명적이에요.

- **우유와 유제품:** 고양이는 유당 분해 효소가 부족해서 소화가 어려워요. 물론 고양이 전용 펫밀크는 먹을 수 있어요.

- **닭 뼈 등의 작은 뼈:** 작은 뼈는 고양이가 삼키면서 소화 기관에 상처를 낼 수 있어요.

블루베리는 포도와 비슷하게 생겼지만, 고양이의 요로 질환이나 감염을 예방해 줘.

고양이들, 이 음식은 조심하자!

·익지 않은 토마토와 감자
덜 익은 토마토와 감자의 잎과 줄기에는 글라이코 알칼로이드계 독소인 솔라닌이 많이 함유되어 있어요. 솔라닌은 고양이 하부 위장계에 질병을 유발할 수 있어요. 그러나 잘 익은 토마토와 감자는 안전하게 섭취할 수 있어요.

·사람용 참치캔
사람용 참치캔에는 염분이 대량 함유되어 있어요. 또 비타민 E를 파괴하는 인자가 함유되어 있고, 많이 먹으면 황색 지방증에 걸릴 수 있어요. 고양이가 바다 생선을 계속해서 먹다 보면 수은에 노출될 염려도 있으니 조심하세요.

·등 푸른 생선
고등어, 참치와 같은 등 푸른 생선에는 많은 불포화 지방산이 함유되어 있어요. 따라서 등 푸른 생선을 회나 구이로 오래 먹을 경우, 황색 지방증에 걸릴 수 있어요.

·해산물
오징어, 게, 새우 같은 해산물에는 체내 비타민 B1을 파괴하는 성분이 있어요. 이러한 해산물을 날것으로 먹게 되면 비타민 B1 결핍증을 유발할 수 있어요. 그러므로 고양이에게 해산물을 먹이고 싶다면 꼭 잘 익혀서 주세요.

·강아지 사료
급할 때 임시로 1~2차례 주는 것은 건강상 문제가 될 가능성이 적어요. 하지만 고양이와 강아지의 영양 요구는 다르기 때문에 강아지 사료를 고양이에게 지속적으로 먹이면 안 돼요.

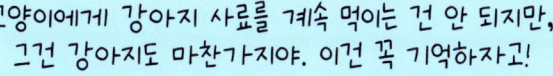
고양이에게 강아지 사료를 계속 먹이는 건 안 되지만, 그건 강아지도 마찬가지야. 이건 꼭 기억하자고!

# 최애 간식은 얼마나 먹여야 할까?

알쓸냥잡 음식편_2

 네가 뭘 좋아할지 몰라서 다 준비했어!
츄르, 캔, 파우치, 트릿 중 우리 집 고양이에게 좋은 간식은?

고양이 간식은 하루에 이만큼?

고양이에게 간식을 줄 때는 사료를 포함하여 하루 동안 먹일 총식사량 중 5~10%를 넘지 않아야 해요. 특히 사료로 충분한 영양소를 섭취한 고양이라면 간식은 건식 기준 4~5조각이나 습식 기준 한 캔을 넘기지 마세요. 간식을 많이 먹으면 비만으로 이어질 수 있기 때문이에요.

고양이 간식, 이럴 때 주기

- 이동장 훈련 중이라면, 간식을 이동장 안에 두거나 훈련 보상으로 주세요.
- 사냥 놀이를 한 후 기분 좋게 흥분해 있을 때 보상으로 주세요.
- 고양이가 병원을 무서워한다면 진료, 입원, 수술 등을 받았을 때 위로와 대견함에 칭찬하며 간식을 주세요.
- 고양이가 몸이 안 좋아 사료를 거부하거나 입맛이 없을 때 주세요.
- 고양이가 싫어하는 일(발톱 깎기, 목욕 등)을 한 뒤 보상으로 주세요.
- 약을 잘 안 먹는 고양이라면, 약을 간식과 사료에 섞어서 주세요.

예쁘다고 무조건 간식 주는 건 안 돼.
간식을 줄 때는 정당한 이유가 있어야 해.

건식 간식과 습식 간식의 차이는?

건식 동결 건조와 트릿, 플레이크, 가루 형태로 수분이 적은 간식이에요.

- **동결 건조 간식**
  고기를 건조해 수분만 날린 고기로, 습식 간식보다 단백질 함량과 칼로리가 높아요. 그래서 동결 건조 간식을 줄 때 한두 조각만 잘게 부숴서 물과 섞어 주면 좋아요.

- **트릿**
  고양이가 과자처럼 쉽게 씹을 수 있는 간식이에요. 너무 딱딱한 간식은 고양이에게 좋지 않아 트릿 안에 부드러운 크림 같은 제형이 들어있어요. 트릿은 칼로리가 낮아 비만냥이에게 좋아요.

습식 츄르, 젤, 크림, 파우치, 캔 등 수분 함량이 80% 이상인 간식이에요.

물을 잘 마시지 않는 고양이에게는 츄르탕을 만들어 주기도 해요. 습식 간식은 수분 함량이 많아서 보관할 때 주의해야 해요. 상온에 오래 두면 상할 수 있으니 가급적 빨리 먹이는 게 좋아요. 조금씩 덜어내 먹인다면, 캔에 뚜껑을 덮고 냉장 보관하면 되는데 최대 24시간 정도만 보관하고 시간이 지나면 버리는 게 좋아요.

소화가 약한 고양이는 건식보다 부드러운 제형을 먹는 게 좋아요. 이러한 고양이에게는 사료를 줄 때도 건식 사료를 작게 부수거나 습식 사료를 급여해 주세요.

우리 고양이에게 잘 맞는 간식이 어떤 종류인지 이제 알았네! 앞으로는 너만의 맞춤 간식을 준비할게.

#고양이와 함께 꿈나라로?

#네가 사랑하는 사람은?

#빵빵한 볼살의 비밀

#37
고양이가 처음으로 집사에게 마음을 열었을 때 - 하 편 -

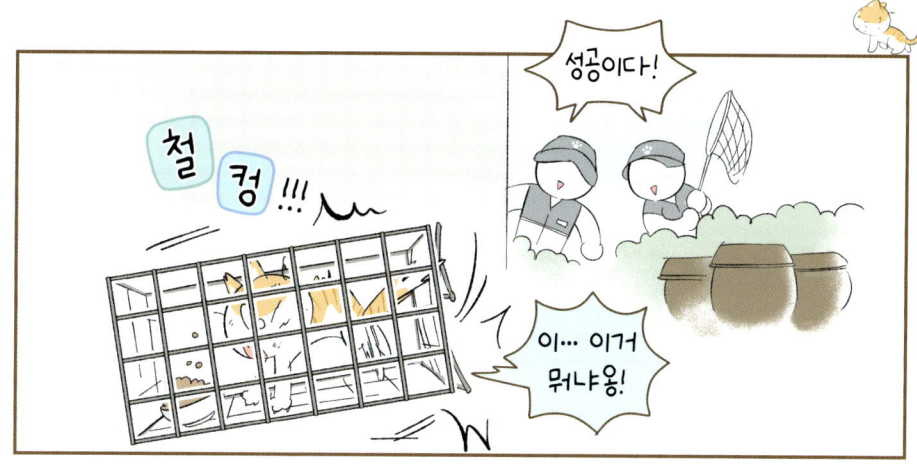

#38
고양이가 함께 자는 사람을 선택하는 기준

#39 고양이를 상처 주는 집사의 말과 행동

#40 고양이가 집사를 사랑한다는 신호

집사…, 걔 말고 나도 좀 쓰다듬어 달라옹…!
무시
깨륵
힝
깨르륵
집사는 이제 날…
사랑하지 않는 거냐옹…?
쿠
궁
그날 저녁
버찌가 가고 난 후
하~ 힘들었다~
어디~, 사진 찍은 것 좀 볼까?
냥
무
룩
어?
한 걸음 뒤에 항상~♪
질투 안 하는 줄 알았는데… 하고 있었구나!
내가 있었다옹~♪
흐, 흠! 당연하다옹.
찌
잉~

#45 고양이는 왜 집사를 밟고 지나가는 걸까?

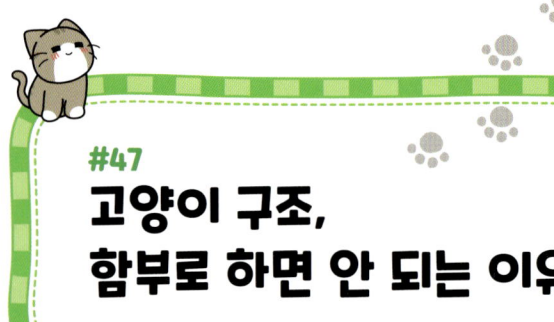

#47
고양이 구조, 함부로 하면 안 되는 이유

봤냐옹!!

냥줍! 구조가 아닌 납치일 수 있다냥.

엄마 고양이가 잠깐 자리를 비운 걸 수 있다웅.

엄마 고양이가 없으면 체온 조절을 못하고 젖을 먹지 못해 죽을 수 있다냥.

아기 고양이를 만지지 말고 잠시 기다리라웅.

좋은 마음에서 고양이 구조를 했지만, 아기 고양이에겐 사람보다 엄마 고양이의 보살핌이 필요하다웅.

 아기 고양이의 구조가 필요한 경우는 이럴 때다웅!

첫째, 아기 고양이가 아파 보이거나 다친 상태는 구조가 필요하다웅. 고양이가 걸을 때 절뚝거리거나 무기력해 보일 때, 그리고 설사를 했다면 도움이 필요하다냥.

둘째, 딱 봐도 그루밍을 하지 못해 털이 뭉쳐져 있다거나 눈곱이나 콧물 등이 관리가 되어 있지 않다면 엄마 고양이와 헤어진 경우이니 구조해 달라웅.

셋째, 아기 고양이가 너무 말라서 갈비뼈나 척추가 도드라져 보인다면, 오랫동안 먹이를 먹지 못한 상태이니 구조가 필요하다냥.

넷째, 엄마 고양이가 외출한 사이에 아기 고양이가 안전하지 않은 장소에 홀로 있다면 위험할 수 있으니 도와 달라냥.

위의 응급 상황이 아니라면 최소 6시간에서 최대 24시간 정도 지켜보는 게 좋다웅.

아깽이 구조는 쪼~끔만 더 신중해라웅.

#48 잔뜩 사랑받은 고양이 특징

집사 6년 차, 아직도 신기한 게 있다.

내가 며칠 전에 이런 상상을 해 봤거든?

고양이는 매일 목욕하지 않는데도 어떻게 깨끗하고 향기로울까?

딸랑

냥살롱

지금 머리 되나옹?

어서 오세요~

나 몰래 미용실에 들렀다 오는 건 아닐까?

잠시 후

늘 하던대로 해 드렸습니다.

빤 딱
빤 딱

어때? 그렇지 않고서는 어떻게 반짝거리겠어?

고양이도 사람도 사랑받고 예뻐하면 달라진다는데…. 그것 때문이 아닐까?

?!

흠~.

물론 머니머니해도 네 노력 덕분일 거야.

크으~ 짠하다! 집사여~

토닥 토닥

결제는 이걸로 할게용.

피땀 눈물 에디션
집사의 ~~사랑~~
HO DU

또 오세요.

반짝반짝한 고양이 미모의 진실은 집사의 사랑이었다.

#49
고양이는 왜 물건을 떨어트릴까?

에베베베벱~ 벱~!
때려 봐!
때려 봐! 못하지?
부들 부들
메롱 메롱
고양이 눈엔 컵이
이렇게 보이는 걸까?
*고양이 시점
저게에…!

나의 승리다.
표정이 맘에
안 든다냥.
호두가
떨어트린 것만
2398649826나개
째….
툭!
슈우우…
쨍그랑

#50 고양이 볼살이 통통해진 이유

저 삼색냥에게
잘 보이려면….
헤 헷~
파앗!
오라,
남자의
호르몬이여!
중성화하지 않은 수컷 고양이는 테스토스테론 호르몬의 영향으로 볼살이 커진다고 한다.
하지만 호두는… 빈 땅콩이니….
크 흑…
아…!
안 돼!
불쌍한 녀석.
안녕,
친구야~.
털 썩
그냥 많이 먹어서 살찐 거였다.
이 빵빵한 볼이
다 살이었구나…!
뜨아!
쭈욱~

#51
고양이가 귀찮을 때 하는 행동

도냥아~,
요즘 내가 너한테
신경을 못 썼지?
짜 안
팟!
도냥이 3살
생일 축하해!
!
깜짝
뭐, 뭐야,
이런 걸 언제…?
앞으로는 집에
자주 있고, 더 많이
놀아 줄게.
쓰담
쓰담
사르르륵
흥~, 평소에
잘하라옹.
… 이번만 봐 준다~.

53 고양이, 밥보다 집사를 더 좋아한다고?

이게 뭐 하는 거냐옹?
도냥아! 어떤 게 좋아?
하···
하항···?
두근
두근
CHUU
차라라락

시무룩…
역시 나보단 간식이 더 좋겠지….
오오~!
반짝
CHUU

고양이에 대해 얼마나 알고 있을까?

 고양이 특징은 셀 수 없을 정도로 많아. 집사들이 기억해야 할 대표적인 고양이 특징을 정리해 보자!

고양이의 특징 7가지!

1. 고양이는 영역 동물

고양이는 자기의 영역 안에서 생활하는 걸 좋아해요. 만약 자기 영역이 아닌 낯선 곳에 가게 되면, 스트레스를 받을 수 있어요. 이는 고양이가 강아지처럼 산책하면 안 되는 이유 중 하나이기도 해요.

2. 야생성이 많이 남아 있는 동물

집고양이도 야생에서의 습성이 남아 있어 창밖에 새가 날 때마다 채터링을 하기도 해요. 그리고 야생에서의 사냥 시간인 새벽이나 밤이 되면 캣타워나 캣폴을 오르내리고, 우다다를 하는 것이지요. 고양이의 야생성을 해소하려면 하루에 최소 30분 이상 사냥 놀이를 해 주세요.

3. 털이 많이 빠지는 동물

계절에 상관없이, 집고양이는 생활하는 공간의 실내 온도가 일정하기 때문에 매일매일 털갈이를 해요. 자주 빗질하지 않으면, 고양이가 헤어볼을 토하거나 공기 중에 고양이 털이 날아다니는 걸 볼 수 있어요.

잠을 많이 자는 동물

고양이는 하루에 14시간 이상 잠을 자요. 갓 태어난 새끼 고양이는 엄마 고양이가 두세 시간에 한 번씩 핥으면서 깨우기 전까진 계속 자요. 어린 고양이는 약 20시간 정도 잠을 자는데, 사냥 놀이를 하다가도 잠드는 경우가 많아요.

수직 공간이 필요한 동물

고양이에게 수직 공간이란, 주변을 관찰하거나 위협을 느낄 때 피할 수 있는 은신처이지요. 서열이 높은 고양이일수록 더 높고 더 좋은 곳에서 쉴 수 있고, 발톱으로 나무나 스크래쳐를 긁어 자기 영역임을 표시하기도 해요.

화장실이 필요한 동물

고양이를 키울 땐 집 안에 화장실을 따로 두어야 해요. 화장실은 최소 고양이 수 +1로 준비하고, 이때 화장실 크기는 고양이가 안에서 한 바퀴 돌 수 있는 크기가 좋아요. 화장실은 하루에 한두 번 청소해 주세요.

아파도 티를 잘 내지 않는 동물

고양이는 아픈 티를 잘 내지 않아요. 그 이유는 야생에서 고양이가 아프면 쉽게 공격당하기 때문이에요. 따라서, 평소 고양이의 대소변 상태나 식욕, 수면 시간 등을 관찰하고 기록하는 게 좋아요.

고양이와 오래 함께하고 싶다면 1년에 한 번씩 동물병원에서 건강검진을 받아 봐!

알쓸냥집 케어 편_2 쥐를 물고 오는 건 고맙다는 의미일까?

 지난번 시골에 갔는데 우리 고양이가 쥐를 물고 와서 내 앞에 놓더라고. 혹시 내가 배고파 보여서? 아니면 사랑의 표현?

고양이가 쥐를 물고 오는 이유!

- **사냥 본능**
  고양이는 동체 시력이 좋아 작은 물체도 잘 사냥해요.

- **집사에게 자랑하기**
  자신의 사냥 능력을 인정받고 싶거나 집사에게 사냥을 가르치려고 쥐를 잡아요. 실제로 고양이는 집사를 '사냥을 못하는 고양이'로 인식해서 쥐나 새를 잡아 와 선물로 주기도 해요.

- **새끼 고양이를 위한 교육**
  엄마 고양이가 쥐를 죽이지 않고 잡아 온다면 새끼에게 사냥하는 방법을 가르치기 위한 수단으로 물고 오는 거예요.

- **먹이를 숨기려고**
  고양이가 나중에 먹으려고 쥐나 작은 동물, 곤충을 사냥하고 집에 물고 오기도 해요. 이것은 고양이가 안전하다고 느끼는 곳에 먹이를 숨기기 때문이라고 해요.

고양이는 자기 사냥 실력을 자랑하려고 자는 집사도 깨운다고 해.

고양이의 쥐 사냥, 정말 괜찮을까?

고양이는 쥐보다 작은 동물을 더 자주 사냥한다

2018년 〈생태와 진화 프론티어〉 저널에서 연구한 결과, 고양이는 사냥하기 쉬운 먹이가 없을 때만 쥐를 사냥한다고 해요. 고양이는 주로 크기가 작은 새나 도마뱀, 곤충 같은 동물을 자주 사냥해요.

실제로 고양이가 쥐를 먹으면 위험하다

쥐는 하수구나 쓰레기통에 살기 때문에 기생충이나 세균 감염의 위험이 커요. 고양이가 쥐를 먹었다면, 식중독이나 질병에 걸릴 수 있으니 바로 동물병원에 가서 기생충과 병원균 감염 검사를 해야 해요.

고양이가 쥐를 물고 왔을 때 대처법!

고양이에게 소리치거나 혼내면 안 된다

집사가 혼을 내도 고양이는 쥐 사냥이 잘못된 행동이라 생각하지 못해요. 오히려 집사가 낸 큰소리에 위협을 느끼며 스트레스를 받을 수 있어요. 단호하게 "안 돼!" 얘기하고 자리를 피해 주세요.

고양이 몰래 쥐 치우기

고양이가 보는 앞에서 쥐를 치우면 안 돼요. 칭찬과 간식 대신, 장난감으로 고양이 관심을 돌린 뒤 몰래 처리해 주세요.

외출냥이는 쥐나 새를 잡아먹으면서 또 다른 질병에 감염될 수 있으니, 고양이 혼자 하는 산책은 피하자고.

▶ YouTube **35만 구독자** 귀염뽀짝 수달의 일상 이야기

안녕하세요?
이웃집수달입니다!

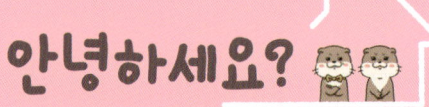

Chapter 1 뽀시래기 모카의 성장기

Chapter 2 모카, 토피 그리고 4남매

Chapter 3 포토 화보

©Ottershome. All Rights Reserved.

값 14,000원 문의 02-791-0752

서울문화사